Ti racconto una storia

1ª Edizione, gennaio 2015

GIUSEPPE CICCIA

Ti racconto
una storia

*Dedicato a tutti coloro
che amano la vita*

Una storia della mia vita

Chi di noi, almeno una volta, non ha avuto il desiderio di raccontare una storia della propria vita lasciandosi trasportare dal ricordo di una giornata fantastica, da una storia d'amore, da un viaggio, da un dolore o da una storia ricca di emozioni?

Questo libro racconta uno spaccato della vita di ciascuno di noi, guidati da un sentimento di amicizia e condivisione che ci ha permesso di realizzare questo progetto.

Michele Bigaran
Io, Alice e Argo

Mi ricordo, una giornata calda come quella non l'avevo mai sentita.

La mamma di Alice ci svegliò presto quel mattino, il 14 agosto 2014; io, lei e Argo eravamo pressoché eccitati da quell' esperienza che stavamo per intraprendere.

Partiti da Saletto di Piave verso le 7 del mattino, ci avviammo in macchina con i suoi genitori verso Varese e Milano, lì noi tre avremmo trascorso un bellissimo week-end in tutta tranquillità e pace, all'insegna dello svago cinematografico e canoro.

Il viaggio, ricordo, è andato tutto liscio tranne per un piccolo intoppo con la gomma, grazie al quale abbiamo visto anche Brescia.

Arrivammo a destinazione sotto mezzogiorno, vi lascio immaginare il caldo e l'afa che c'erano a quell'ora.

Il luogo: idilliaco, una villetta con torre, ambientata in un giardino cinto da mura, fresco, ombreggiato dalla frasca, il luogo era grande e arioso, vi entrava nel salone principale una quantità immensa di luce che arrivava fino ai corridoi.

La padrona del B&B si presentò a noi con un sorriso solare e allegramente ci accompagnò alla nostra stanza, proprio la torretta alta era il nostro alloggio dove avremo dormito io e Alice quella notte.

Tempo di depositare qualche peso inutile e raggiungiammo nel pomeriggio, il prima possibile, il paesino di Bedero Valcuvia, luogo alquanto incantevole e paradisiaco; lì io, Alice e Argo ci siamo divertiti come matti a correre fra prati e strade, cantando e recitando parti di film a memoria, cosa più importante, lì abbiamo improvvisato un cortometraggio che, dopo esserci rifocillati e aver fatto un ottima colazione abbiamo concluso nella stupenda città di Milano.

Oltre ad aver finito il corto, ci siamo divertiti a girare per la città e aver scoperto posti del tutto nuovi.

Verso le 5 del pomeriggio abbiamo preso il treno e abbiamo fatto ritorno a casa, stanchi ma con una gioia nel cuore immensa.

Spero vivamente di riviverla perché ne vale veramente la pena.

Patrizia Catenuto

Svegliandomi...ritrovai l'amore

Ero molto stanca e mi sdraiai sul divano della cucina. Fuori pioveva a dirotto, una pioggia estiva, ma sembrava una vera tempesta. La pioggia sbatteva incessante sulla finestra, scivolando sul davanzale. Il suono dei tuoni era molto forte, ma riuscii ugualmente a addormentarmi.

Ad un tratto fui svegliata di soprassalto dal suono del campanello .Mi alzai e chiesi "Chi è?".

Una voce sensuale mi rispose: "Sono io, Thomas, ti ricordi di me?

Aprii la porta e vidi un uomo terribilmente attraente, alto, con grandi occhi verdi, un sorriso smagliante e una bocca che invitava a baciarlo. Era Thomas, un amore perso tanti anni prima per via della mia stupidità.

"Entra" gli dissi, "sei tutto bagnato". Lui entrò, ma all'improvviso ci fu un lampo che fece andare via la corrente. Andai nel salone, aprii il primo cassetto della parete attrezzata e presi una candela. L'accesi e mi recai in cucina, dove Thomas mi attendeva seduto sul divano .

Oddio quanto era bello! Avrei voluto stringerlo a me e dirgli "Ti amo ancora", ed invece...

"Come mai questa visita?", gli chiesi con voce tremante dall'emozione di averlo ancora accanto a me.

"In questi anni non ho fatto altro che pensarti, ogni giorno, ogni momento della mia vita, nei miei pensieri c'eri sempre tu ",mi disse guardandomi appassionatamente negli occhi.

Cercai di cambiare discorso, riesumando il mio orgoglio.

"Vuoi qualcosa da bere?", dissi aprendo il frigorifero.

"No, grazie. Vorrei solo sapere perché cinque anni fa mi lasciasti solo in quel bar . Abbandonato come un cane, senza farmi neppure sapere il motivo. Rimasi lì ad aspettare per ore intere, te, "la donna della mia vita".

Il suo sguardo cambiò, era irritato, ma lasciava trasparire che era ancora innamorato.

"Ero delusa di te".

"Perché?", mi disse sorpreso.

"Delusa perché avevo saputo la verità".

"La verità? Ma di cosa stai parlando!" disse alzando il tono di voce.

"Non posso credere che ancora oggi, dopo cinque anni, non sai il motivo che mi spinse a mancare al nostro appuntamento"

"No, non lo so ancora"

La pioggia si fece insistente, guardai fuori dalla finestra, ma la fitta pioggia offuscava la vista del solito panorama. Le gocce d'acqua battevano e poi scivolavano sulla finestra, ed io con il dito le seguivo fino a, quando morivano sul davanzale. Pensavo che solo per un banale e futile motivo, avevo perso l'uomo della mia vita. L'uomo che amavo più di me stessa, che non mi fece mancare mai nulla. Improvvisamente decisi di dirglielo.

"Quella sera non mi presentai all'appuntamento perché venni a sapere che eri già stato sposato. Perché me lo avevi tenuto nascosto?".

Thomas sorpreso si alzò dal divano e si avvicinò verso di me. All'improvviso un lampo gli illuminò il viso. Un viso marcato dagli anni ,ma ancora piacente. Notai che i suoi occhi erano tristi ma sinceri. Mi prese la mano e la strinse al suo petto caldo e possente, e mi disse: "Ti amavo così tanto che non volevo ferirti, e in più temevo che fuggissi via da me, ma la mia menzogna ti ha fatto fuggire ugualmente. Sono stato sposato solo per due anni, ma il mio matrimonio finì proprio per le menzogne di mia moglie, ed io ho fatto lo stesso suo errore. Potrai perdonarmi?".

Lo guardai, volevo dirgli tante cose, ma non ci riuscii, perché lui mi afferrò per i fianchi e baciandomi appassionatamente mi strinse così forte da togliermi il fiato. Mi lasciai andare e mentre le sue mani mi accarezzavano i seni sentii la sua virilità. Mi baciò nuovamente, ma all'improvviso un forte tuono mi fece sobbalzare ,e aprii gli occhi. Mi vidi sdraiata sul divano, mentre la pioggia batteva ancora incessante sui vetri. Guardandomi attorno, mi vidi sola, la cucina era vuota, e inondata da un meraviglioso odore di pioggia estiva. Mi alzai, mi affacciai alla finestra per guardare il panorama, ma non lo vidi perché era offuscato dalla pioggia. Andai nel salone, accesi la luce, ma non c'era la corrente. Aprii la porta d'ingresso, ma non c'era nessuno .Capii. Fu solo un sogno.

Presi il telefono e composi il numero.

"Pronto?" rispose una voce sensuale.

"Ciao Thomas, sono Susy, puoi perdonarmi?"

Dopo un attimo di silenzio con voce sorpresa rispose:

"Da tempo aspettavo questa telefonata e finalmente è arrivata. Non m'importa perché mi hai chiamato, l'importante è che mi ami ancora perché io ti amo . Certo che ti perdono. Anzi, forse sei tu che dovresti perdonare me", Thomas sospirò e restò in silenzio per qualche secondo. Gli dissi che dovevo vederlo per confessargli un peso che da anni portavo nel cuore.

Fissammo appuntamento quella stessa sera, allo stesso bar di cinque anni prima , con l'impegno di essere puntuali.

Quella sera mi vestii con molta cura e indossai un bel completo color verde smeraldo, sapendo che era il colore preferito di Thomas. Mi truc-

cai, mi alzai i capelli, fermandoli con un bel
fermaglio e calzai le mie scarpe preferite. Quelle nere con il tacco alto. Presi le chiavi dell'auto,
la borsa e uscii da casa con il cuore trepidante.
Continuava a piovere a dirotto e la nebbia era
sempre più fitta. Accesi le luci antinebbia e cercai di percorrere le strade meno affollate , perché non avevo nessuna intenzione di fare attendere Thomas neanche un minuto.
Mentre guidavo, il mio pensiero vagava tra le
parole che avrei scelto per confessargli il
grande segreto che da cinque anni mi portavo
dentro.
Imboccai una strada secondaria che conduceva
alle spalle del bar. Ero quasi arrivata, il cuore
mi batteva all'impazzata , la gola era secca e
tremavo per l'emozione di rivedere Thomas .

Thomas era già al bar ad attendermi, mentre
sorseggiava un aperitivo analcolico guardava
continuamente l'orologio e sognava il nostro
imminente incontro; non stava più nella pelle.
All'improvviso la sirena di un'autoambulanza
impazzava nell'aria. Thomas posò il bicchiere

sul tavolo e uscì dal bar. Un grave incidente era avvenuto in prossimità del bar. In quell' ambulanza c'ero io.

All'incrocio un'auto mi aveva tagliato la strada, ed io non riuscii a frenare in tempo, forse perché distratta al pensiero di rivedere Thomas.

Mi portarono all'ospedale più vicino e fui subito operata per una grave emorragia cerebrale.

Thomas arrivò all'ospedale, pochi minuti dopo, preoccupato e sconvolto, chiese ai medici le mie condizioni.

Gli fu detto che dovevano passare almeno ventiquattro ore prima di poter sciogliere la prognosi. Mi portarono in sala rianimazione, ma a Thomas non fu consentito entrare. Recandosi in sala d'attesa vide seduta una donna anziana, con gli occhi gonfi di pianto, un viso stanco e folti capelli bianchi raccolti in un tupè , questa teneva seduto sulle sue ginocchia un bimbo di circa quattro anni, con un viso d'angelo.

Thomas si sedette di fronte a loro.

Il bimbo lo guardò e gli sorrise.

"Ciao bel bimbo, come ti chiami?", gli chiese Thomas.

"Mi chiamo Cristian", rispose il bimbo intimidito.

"Io mi chiamo Thomas, piacere", e allungò il braccio con la mano tesa verso Cristian, ma lui si girò nascondendo il viso d'angelo nel petto della donna, che era sua nonna.

La donna, molto prostrata, lo strinse a se giustificandolo per la sua timidezza.

"Sai, anch'io da piccolo ero timidissimo come te? Non volevo andare neanche all'asilo e piangevo sempre perché volevo stare con la mia mamma. I miei compagni mi prendevano sempre in giro, fino a quando un giorno decisi di non piangere più.". disse Thomas cercando di attirare l'attenzione del bimbo.

Cristian aprendosi in un gran sorriso gli rispose: " Anch'io non voglio andare all'asilo, ma la mamma mi ci porta sempre"

"La tua mamma fa il suo dovere. Devi andare all'asilo, giocare con i compagnetti e imparare a scrivere e leggere. Perché solo così diventerai un uomo in gamba e intelligente" gli risponde Thomas mentre si avvicinava per sedersi vicino a lui.

"Come il mio papà?" gli domandò Cristian.

"Certo come il tuo papà" gli rispose Thomas.

" Ma tu lo conosci il mio papà?"

"No, ma penso che, per avere un figlio come te, sarà indubbiamente in gamba , intelligente ed anche buono.

"Io non lo conosco il mio papà, perché è partito per un lungo viaggio di lavoro, me lo dice sempre la mamma. Mi racconta anche che..."

"Cristian, ora basta!" lo rimprovera la nonna. A Thomas l'argomento iniziava a raccapricciarlo, ma capì che imbarazzava l'anziana signora che alzandosi bruscamente si era avviata verso la finestra, alla quale rimase affacciata affinché l'argomento non la coinvolgesse.

Dopo pochi minuti, arrivò un dottore che gli comunicò che ero fuori pericolo. L'anziana signora, dalla gioia, prese Cristian in braccio lo baciò e gli disse: " *amore, la mamma sta meglio, non preoccuparti, presto la rivedrai*".

"*La mamma? ma ...ma allora è il figlio di Susy!*" pensò Thomas confuso e perplesso. "*Non può essere che Susy si sia sposata! Divorziata? Lasciata?*" Thomas non sapeva più cosa pensare, iniziò a guardare più attentamente il bambino ed ad ipotizzare che, forse, fosse figlio suo, ma i suoi pensieri furono distolti dall'arrivo di un infermiere che li invitò ad andare a casa e non tornare prima del mattino seguente per essere aggiornati sul decorso del mio miglioramento.

Thomas confuso più che mai, prima di congedarsi, si presentò all'anziana signora come un "caro amico" della figlia e lasciandole indirizzo e numero telefonico, si rese disponibile per qualunque eventualità. La donna strabiliata, dapprima rimase ammutolita, ma dopo aver preso fiato lo salutò freddamente rifiutando l'aiuto offertole.

Thomas s'incamminò verso casa come un cane bastonato. L'idea che quel bambino sarebbe potuto essere suo figlio lo emozionava lo turbava e lo confondeva.

"E se fosse questo il motivo della telefonata di Susy? E perché dopo cinque anni?.

Thomas decise di andare a dormire, ma non riusciva a prendere sonno perché milioni di domande gli logoravano il cervello, e il ricordo dello sguardo candido del piccolo Cristian gli suscitava un sentimento mai provato prima.

" *In effetti, mi assomigliava, aveva anche il mio stesso colore degli occhi",* pensava, mentre le ore della notte passavano velocemente, lui pensava, ipotizzava e ripensava fino a che nelle prime ore dell'alba la stanchezza lo sopraggiunse e si addormentò.

Lo squillo della sveglia lo svegliò di soprassalto e Thomas si alzò all'istante. Si lavò, si vestì e andò subito in ospedale.

In sala d'attesa c'era già Cristian con la nonna. La signora lo salutò con fare compito mentre Cristian gli andò incontro e lo abbracciò come se si conoscessero da sempre.

"Thomas, lo sai che ora andiamo a vedere la mamma? I dottori hanno detto che si è svegliata. Vieni anche tu?" disse il piccolo Cristian.

" *Certo amore che vengo con voi"* rispose Thomas rincuorato dalla notizia.

 Ero sveglia, ma stordita dall'effetto dei farmaci. Appena vidi entrare mio figlio insieme a Thomas il cuore iniziò a battermi all'impazzata. Non sapevo cosa dire, ma la prima cosa che feci fu quella di abbracciare con la mia poca forza Cristian, sbaciucchiandolo gli dissi che la sua mamma ora stava bene, e che non lo avrebbe lasciato mai più.

Salutai anche mia madre che con le lacrime agli occhi mi baciò e mi abbracciò così forte che inconsapevolmente stava per stritolarmi.

Thomas, restò fermo davanti alla porta guardandomi senza dire neanche una parola. Fui io a rompere il ghiaccio.

"Ciao Thomas, non volevo rivederti in queste condizioni", gli dissi guardandolo fisso negli occhi.

"L'importante che il peggio sia passato e che ora sei qui con noi" rispose e avvicinandosi mi prese una mano e la chiuse fra le sue come a custodirla.

Intuivo che avrebbe voluto farmi mille domande sull'esistenza di Cristian, ma non lo fece, e nonostante le circostanze presi io l'iniziativa.

"Cristian lo conosci Thomas?" chiesi a mio figlio.

"Sì, mamma ci siamo conosciuti ieri, in quella stanza dove si aspettano i dottori" rispose Cristian allegramente.

" Si chiama, sala d'attesa, amore mio" gli risposi

sorridendo.

"Hai un figlio meraviglioso", mi disse Thomas.

Appena mia madre uscì dalla stanza per andare a parlare con i medici io capii che era il momento di confessare a Thomas tutta la verità, tenuta nascosta per cinque anni.

"Thomas, siediti ti devo parlare. Lo so che non è né il momento opportuno né il giusto luogo, ma non riesco più a tenermi questo peso che mi tortura da anni." Feci un profondo respiro e fissando le sue mani che racchiudevano la mia iniziai a parlare:

" Quando cinque anni fa seppi che mi avevi tenuto nascosto che eri stato sposato, il mio orgoglio prese il sopravvento e invece di chiarire sono scappata come una bambina. Dopo fui tentata di chiamarti più volte, ma quando seppi che ero incinta ebbi paura che tu non avresti gradito la notizia. Andai a vivere da mia madre, che mi aiutò a crescere il mio adorato bambino, senza chiedermi mai delle spiegazioni. " Non riuscendo più a trattenere le lacrime cercai il suo sguardo.

"Ma , allora, Cristian è..."

"Sì, Cristian è tuo figlio" con fatica ritrassi la mia

mano dalle sue per accarezzare la testolina di Cristian che si era appoggiato sul mio petto e alzandogli il mento per guardarlo negli occhi gli dissi: *"Amore tuo padre è tornato dal suo lungo viaggio di lavoro"*

"E dov'è?" chiese felicemente mio figlio.

"Tuo padre è qui. Thomas è tuo padre" dissi continuando a piangere.

I due si guardarono intensamente, erano confusi , ma felici. Thomas si chinò su Cristian lo baciò e tirandolo su dal mio petto lo strinse fortemente ed iniziò a sbaciucchiarlo dappertutto. Poi smise di baciarlo lo alzò in alto in alto con le sue braccia possenti e guardandolo negli occhi gli disse: *"Amore mio, tuo padre non se ne andrà mai più via. Ti prometto che resterò sempre con te".*

Poi guardò me e disse: *" ti amo, ti ho sempre amata e non ho mai smesso, neanche in questi ultimi lunghi cinque anni di tuo silenzio. Le mie preghiere per riaverti non sono state vane, e per di più hai serbato per me un dono meraviglioso, mio figlio"* con Cristian ancora stretto tra le braccia si avvicinò e mi baciò teneramente sulla fronte. Allargò le sue braccia e avvicinandosi ci strinse fortemente.

Cristian divincolandosi dalla stretta del padre iniziò a saltellare per la stanza, e con voce gioiosa disse: *"Papà, quando la mamma starà meglio, mi prometti che andremo al parco a giocare a pallone?*

"Certo amore, quando mamma starà bene, faremo tutto quello che vorrai tu, se la mamma sarà d'accordo", mi guardò e mi baciò appassionatamente sulle labbra.

In quei minuti mi sentii in paradiso, e gli applausi di Cristian accompagnati dalle sue risa gioiose mi sembravano cori d'angeli.

Giuseppe Ciccia
La scalata del Monte Bianco

Era d'estate. Trascorrevo le vacanze sulle Alpi con mia moglie e i miei figli.

Durante il soggiorno in albergo, conobbi una coppia molto simpatica di Torino, anche loro in vacanza. La sera, quando rientravamo in albergo dopo una giornata di escursioni, ci trovavamo con questa coppia a cenare assieme allo stesso tavolo. Parlavamo di tante cose e ci raccontavamo come avevamo trascorso la giornata e i luoghi che avevamo visitato. Lavoravano entrambi alla fiat, erano sposati e non avevano figli.

Un giorno a tavola parlando della giornata trascorsa e descrivendo le bellissime località visitate, decidemmo di uscire assieme il giorno dopo per visitare un rifugio del monte Bianco, il Grandes Jorasses. Il pensiero di questa escursione "coraggiosa" in montagna, ci faceva venire i brividi, anche perché noi venivamo dalla Sardegna e conoscevamo solo il mare. Pensavamo che andando assieme ci saremo fatti coraggio a vicenda e di conseguenza avremo avuta meno paura ad affrontare la salita con la funivia.

La mattina seguente, era una splendida giornata di sole che faceva brillare i molteplici colori che si riflettevano nella splendida vallata che si presentava ai nostri occhi. Quella mattina abbiamo fatto colazione assieme, e poco dopo siamo partiti, diretti alla stazione di partenza della funivia. Una volta fatti i biglietti, scherzavamo tra di noi con delle battute per stemperare la tensione che avevamo addosso in quanto la paura era tanta, specialmente per gli adulti . Al momento della partenza ci siamo fatti il segno della croce e siamo saliti verso la prima fermata. Tutto il percorso, comprendeva cinque stazioni fino al capolinea che si trovava a quota 3570 mt.!

Non ci sono parole per descrivere lo spettacolo stupendo che avevamo di fronte agli occhi. Tutto il panorama visibile dall'alto è un'immensa opera d'arte che madre natura ci ha regalato. All'interno della cabina eravamo sedici persone, la massima capienza. C'era chi andava su e giù per lavoro, chi andava a sciare e chi come noi per ammirare il paesaggio. All'infuori di noi, le persone parlavano tra di loro con molta tranquillità come se stessero viaggiando su un metrò o un bus, solo noi dimostravamo di avere tanta paura fino a quando siamo arrivati all'ultima fermata. Finalmente arrivammo a destinazione!

Usciti dalla cabina, di fronte a noi si spalancava uno scenario bellissimo. Attraverso una piattaforma in legno siamo arrivati ad un grande spiazzo dove c'erano dei negozietti caratteristici di souvenir, un bar e un ristorante. C'era tanta gente seduta sugli sdrai in legno che si prendeva beatamente il sole. Il tempo lassù era splendido e coperto dalla neve, si vedeva tanta gente che sciava. Per fortuna , prima di partire avevamo preso delle giacche a vento per ripararci dal freddo, nonostante fossimo ad agosto. In quel momento la nostra paura si era trasformata in stupore e meraviglia osservando le montagne circostanti innevate e puntate al cielo. Nel mezzo di queste montagne, si ergeva maestoso e sublime il monte Bianco! Ricordo che avevamo scattato tante foto lassù ed ogni scatto era accompagnato da un grido di stupore. I nostri volti esprimevano tanta gioia, i ragazzi e mia moglie erano felicissimi e i nostri amici sorridevano e si baciavano continuamente. In questo rifugio siamo rimasti un paio d'ore e dopo una breve pausa al bar-ristoro e visitato i negozietti di souvenir decidemmo, con un pizzico di rimpianto, di abbandonare quel posto incantevole.

Il ritorno è stato più bello, la paura di prima era scomparsa e le persone che erano con noi in funivia dimostravano di essere allegre e spensierate. Ogni volta che la cabina si avvicinava alla fermata, tutti assieme intonavamo un "ooooooh", allora ci sentivamo più coraggiosi e meno pallidi in viso.

I sentimenti provati in questa giornata, ci hanno dilatato il cuore : la paura dell'andata, l'allegria del ritorno, la contentezza dei nostri volti, e l'amicizia con questa coppia di giovani, sono stati il più bel regalo che il Signore ci ha fatto!

Alice Ghedin
Dall'altra parte del mondo

Era il primo ottobre 2014. La sveglia suonò con molte ore d'anticipo rispetto agli altri giorni quando alle 7, secondo la routine quotidiana, devo svegliarmi per andare a scuola. Quel giorno, però, alle 7 mi trovavo già a bordo dell'aereo che mi avrebbe portato in Francia. Successivamente, dopo una sosta di tre ore all'aeroporto di Parigi, presi l'aereo per Shanghai. Da lì mi aspettava l'ultimo scalo verso Kunming, una città nel sud della Cina dove da qualche anno vive mio fratello Matteo
Siamo arrivati a destinazione dopo più di 24 ore di viaggio.
Ciò che ci spinse ad andare fino in Cina era l'imminente matrimonio di mio fratello con una ragazza del posto, la cui cerimonia era stata fissata per quella stessa domenica: il 5 ottobre. Eravamo tutti emozionatissimi! Per me e mio

papà era un ambiente totalmente nuovo, avevamo la possibilità di visitare luoghi che fino ad allora avevamo potuto ammirare solo grazie a foto e documentari.

Fin da piccola ho sempre viaggiato molto. Sono stati proprio i miei genitori a trasmettermi questa passione. Grazie a loro, a 19 anni avevo già visitato molti paesi europei ed africani, tutti luoghi che mi affascinarono profondamente e che tutt'ora porto nel cuore. Ma mai e poi mai avrei pensato di volare fin dall'altra parte del mondo. Era un'occasione unica di venire direttamente a contatto con una cultura completamente diversa dalla nostra, con cibi, usi e costumi assolutamente differenti.

Durante la nostra prima passeggiata, la sera del primo giorno in Cina, gironzolai per la città di Yuxi spalancando la bocca davanti alle grandi piazze gremite di gente intenta a ballare, cantare, ascoltare musica, mangiare dai banchetti di cibo da strada e fare ogni sorta di festeggiamenti. Mai avevo visto, nelle nostre piazze occidentali, così tanta gente riunita in un solo posto per fare tutti assieme una qualche attività così, solo per il gusto di stare assieme e fare nuove conoscenze. Ero affascinata, mi lasciavo inebriare da tutti quei suoni, quelle danze mischiate alle luci della città.

Per il secondo e terzo giorno Matteo aveva programmato una visita alla famiglia della sua futura moglie. Preparammo di nuovo i bagagli e ci spingemmo ancora più a sud, in una minuscola cittadina sperduta tra le montagne, vicino al confine col Vietnam.

La famiglia, piuttosto numerosa, si rivelò subito molto ospitale. Sistemammo i bagagli nelle nostre camere e la sera cenammo assieme attorno ad un piccolo tavolino. Seduti a terra e con le bacchette in mano, assaggiai cibi di cui fino a quel momento ignoravo completamente l'esistenza, tutti esclusivamente a base di riso. Rimasi molto soddisfatta dalla loro cucina.

Dopo cena potemmo ammirare con stupore il sole sparire dietro ai monti, tingendo il cielo d'un rosso intenso e lasciando spazio alle milioni di stelle che timidamente iniziavano a farsi vedere.

I giorni precedenti al matrimonio volarono come un sogno. Poi, quasi all'improvviso, mi ritrovai alla più grande cerimonia di nozze a cui abbia mai assistito. Gli invitati erano più di cento, composti da parenti ed amici. Eravamo all'interno di un ristorante di cui gli sposi avevano riservato un'intera area per il matrimonio, allestita anche con un grande palco. Poco prima di sederci per mangiare, gli sposi salirono su di esso assieme a mio papà e ai genitori della sposa, e ci fu lo scambio degli anelli. Non scorderò mai le lacrime di commozione dei due protagonisti. Quando presero in mano il microfono per dire qualcosa, le loro voci si inclinarono, scosse dalle note di gioia che li invadeva in quel momento. Quel momento che per loro rimarrà uno dei giorni più belli e speciali della loro vita.

Dopo la grande cena siamo andati al karaoke più vicino in città, dove assieme ad alcuni amici della sposa abbiamo cantato e festeggiato fino a notte fonda. I componenti del gruppo erano ragazze e ragazzi giovani che trattavano noi italiani con grande rispetto ed ammirazione. Prima di allora, soltanto in Africa avevo conosciuto persone così socievoli ed amichevoli come lo sono stati i cinesi. Prima di toccare quella terra, prima di viverla e tastarla con le mie mani, non avrei mai pensato a loro come un popolo così aperto verso gli stranieri. Noi, per loro, dopo dieci minuti facevamo già parte del loro gruppo, e ci ritrovammo a festeggiare tutti assieme come se ci fossimo conosciuti da una vita.

Il giorno dopo al matrimonio ci siamo riposati facendo solo una passeggiata in una città confinante con Yuxi. Ma anche in quella semplice passeggiata riuscii a trovare elementi indimenticabili, come il bellissimo parco che abbiamo attraversato, talmente grande che lì, in mezzo a tutti quegli alberi in fiore, dimenticavi di trovarti al centro di una grande città. E proprio lì, distesi sotto alcuni salici, mi godevo serenamente il mio penultimo giorno in Cina.

Il giorno dopo non mi sentivo ancora pronta per partire. Fosse stato per me, sarei rimasta lì ancora qualche altra settimana, tanto mi era piaciuto quel posto. Ma i miei impegni mi chiamavano. Dovevo tornare a casa per continuare la scuola e proseguire con la mia vita qui, in Italia, almeno finché non prenderò il diploma. Certo, farò altri viaggi, visiterò tanti altri paesi, verrò a contatto con tante altre culture, magari mi stabilizzerò in un qualche paese straniero prima o poi, ma la Cina avrà sempre un posto nel mio cuore. Porterò per sempre con me, in tutti gli anni a venire, i bellissimi ricordi di questo fantastico viaggio che tanto mi ha insegnato. Mi ha insegnato a liberarmi dai pregiudizi, ad aprire la mente verso ciò che ancora non conosco e ciò che c'è di diverso rispetto a quello che sono abituata. In aereo, durante il viaggio di ritorno, con occhi lucidi ripensavo alla settimana passata e a quando ritornerò, in un futuro non molto lontano, per rivedere mio fratello ed il paese che tanto ha saputo affascinarmi.

Giorgia Lodo
Un ricordo ricorrente

Il ricordo di un episodio preciso della mia vita non è così facile come si può pensare, specialmente alla fine dell'anno, dove si fanno i resoconti generali e si tirano le somme...
Ma ricordo perfettamente i giorni prima di entrare a scuola dove tutto sembrava possibile e la tua vita non era stata ancora scritta.
E lì che ho ricevuto il mio primo zaino, sì la borsa della scuola firmata Barbie con dentro la bambola regalata da mia madre. Non l'avevo mai desiderata, eppure dopo averla avuta divenne uno dei miei regali più belli. Mia madre morì a breve, e in quella borsa percepii tutto quello che avrebbe voluto lasciarmi e tanto spazio libero da riempire con esperienze future, la forza di affrontare il domani, il gioire dei buoni risultati, e il fatto che l'impegno porti sempre a qualcosa di buono.

L'intensità con la quale l'ho ricevuta, accompagnata dalla speranza e dall'incertezza, hanno stampato un ricordo indelebile nella mia memoria che porto ancora chiuso in me.

Grazie, Rita Mascia.

Marcello Spanu
Eleonora da Ceraxius

Ceraxius, gennaio 1793.

Gigetto Carcangiu è l'addetto alla stalla, soprannominato "Canneddu" per via della sua magrezza indecente, e non perché ha perpetuamente in tasca una canna a forma di cannello. Dentro la stia dà da mangiare del granoturco alle galline ovaiole. La stalla è già stata "sistemata" stamani presto all'alba: i cavalli "rondeddu" e "calinda", hanno ricevuto biada fresca; l'unica mucca "maripìntau" è stata munta e foraggiata nel contempo.

L'asino da soma "orabettu" ci ha sparato quasi l'intera balla di fieno; forse ieri si è spompato troppo nel viaggio di 300 metri tra l'orto di "is arenas" e ritorno a casa di "bì e prama". All'improvviso, mentre solleva il capo, nota oltre i fori tondi della reticella della stia, una carrozza trainata da due cavalli bianchi, che s'immette sulla stradina sterrata, proprio verso la direzione del podere...

-"Il padrone...il padroneeeee....",- urla Canneddu mentre quasi sfonda la porta di ingresso casa della famiglia Melis.

Il signor Antòni Melis e la moglie Redenta a queste urla si spaventano di brutto; insomma, a una notizia buttata così, come se ti tirassero addosso un cadavere pieno di mosche, vorrei proprio vedere!!!

-"*Diamine, ritirate tutto in fretta*",- comanda Antòni. E' un ritirare caotico in cucina, un po' in disordine si può capire poiché è l'ora del pranzo. Canneddu si propone per dare una mano, fa quel che può e come suo solito ha dei sproloqui nei momenti meno propizi:

-" *Ravioli facendo stavi signora Redenta?*"-, la quale a questa domanda si irrigidisce , corruga la fronte e col pensiero immagina di attaccarlo al muro, tipo una patella di Cala Regina. Gli risponde furiosa:

-" *Sbrigati ignorante e tappati la bocca che se il padrone ci sorprende col tavolo in disordine preparati a una fucilata di balla con sale!*" -

- " *Aiut...*" ,- ribatte preoccupato Canneddu.

Il tavolo è sparecchiato, qua e là della cucina gli oggetti sembrano in ordine, forse se Redenta avesse nascosto il cestino di cachi raccolti ieri dalla pianta vicino al lavatoio nel retro casa, sarebbe stato il massimo. Il padrone non vuole che si tocchi la frutta senza il suo ordine. D'altronde il podere è suo e loro ci stanno abitando per accudirlo in tutta la sua ampiezza di quasi 3 ettari, dove oltre alla stalla è compreso di campi coltivati, a cereali, poi orto e frutteto.

- "*Toc! Toc!, E' permesso?*",- E' Don Battistinu Tiana che bussa, accompagnato dal suo attendente, autista, spione, zerbino Oliviero

Cucca, noto " craddasciu" per il gran volume della sua panza.

-" E' a casa sua don Battì, prego si accomodi ",- ribatte Antòni.

Seduti attorno al tavolo don Battì, signorotto, figlio del marchese Nieddu, s'accende la pipa e con voce edulcorata esordisce:

- "Antòni caro, sai bene quel che è avvenuto qui a Ceraxius e nelle ville limitrofe, cioè Quartu, Pauli, Pirri ecc..., cioè che si sono rifiutati di pagare i tributi feudali, provocando un nuovo intervento repressivo delle forze dell'ordine, in difesa degli interessi feudali, e riportare con la forza l'ordine costituito. Orbene, anzi male! Il Podatario Generale il Conte Grondona , è stato incaricato di aumentare le entrate a carico dei possessori di terre e beni di immobili, in una sola parola: tasse maledizione! Pertanto Antòni caro sono spiacente doverti informarti che sono costretto a vendere tutto e tu dovrai cercarti altra sistemazione. Mmmm! Comunque non subito e!

Intanto finisci di seminare a primavera e a raccolto ultimato devi trasferirti".

Antòni ci è rimasto male, proprio di sasso, notizie così in questo periodo di crisi oppressiva è come se ti mettessero una corda al collo e poi ti buttassero in un pozzo. Dopo lungo sospiro, replica con tono sommesso: -" *Sissignore signor padrone, farò come dice..."*

Il don s'alza dalla sedia stancamente, guadagna con l'attendente l'uscio e saluta, ma prima di sparire dà uno sguardo qua e là al podere, poi monta in carrozza borbottando frasi incomprensibili. Oliviero d'improvviso fa dietro-front, si ferma all'uscio, fissa i coniugi Melis con insolenza per poi dire:

- " *Quel cachi lì è per il don vero?"*

- " *Si si, ci scusi, mi son dimenticato...ecco a lei, lo dia al padrone; gli auguro che lo mangi con tanta salute...."* ,-così ci risponde Antòni a testa bassa mentre consegna il frutto.

La carrozza riparte. Oliviero frusta troppo i cavalli, i quali danno una spinta notevole sollevando un polverone a mo' dei Comanceros a cavallo in vena di scuoiare il primo che passa. Canneddu eclissato dietro la stalla centra con la sua fionda la testa di Oliviero con una "caramella" di cacca d'asino; il quale non può fermarsi ma ci bestemmia di brutto nei confronti di... qualche piccione maleducato.

- " *Brutto ruffiano, un giorno ti accoltello, giuro mì!*",-così inveisce toccandosi gli attributi Gigetto Canneddu.

Circa l'una. Eleonora la figlia dei coniugi Melis rientra a casa da scuola con la sua bicicletta. Frequenta la scuola secondaria di agraria, primo anno di esperti coltivatori, con profitto naturalmente; studiare le piace e spera di prendersi il diploma per poter inseguire il suo sogno di diventare una " messaia" (contadina) di grandi prospettive.

Eleonora ha 15 anni, ragazzina solare, occhi da cielo terso, come quando ci si sdraia nel prato a rimirare faccia in su la volta celeste. Spigliata, anche troppo. Ha una voce soave come un mandolino ben accordato. A primo acchito sembra una bambolina da non stringere troppo perché delicata! Ma averla come nemica e cadere nelle sue grinfie di sicuro sarà un'esperienza da "cento campane": che te le suona di brutto!

Ci rimane di stucco al vedere i genitori seduti in cucina a testa in giù, i quali quasi non si accorgono della sua presenza.

- " *Bè? Orabettu* (l'asino) *ha scalciato Canneddu?*"

- " *Magari figlia mia! Peggio, peggio*",-risponde il padre mentre tracanna del vino dal fiasco.

- " *Ci mandano via questa estate figlia mia de su coru...siamo rovinati*"

Eleonora ragguagliata in merito del precedente incontro con il don-padrone, ne rimane addolorata e la sua dolcezza è andata a farsi benedire, lasciando il posto a un piglio guerrigliero.

- " *Ma come? Proprio ora che si pensava di ampliare le colture, i raccolti e il bestiame per accaparrare un po' di soldi per comprarci un pezzo di terra dai Musìu e farci la casa? Dannazione...datemi un archibugio!*"

" *Ah Ah..architruccio si...ah. ah...*" -, interrompe Canneddu apparso all'improvviso dalla porta del cortile perennemente aperta.

-" *Senti un po' tu Canneddu, è vero che ieri sera ti sei permesso di dare un calcio a sfigatto (il gatto di Eleonora)? E? E? Dì la verità su!*"

- " *Emm...macchèèè calcio! l'ho solo spostato con un piede perché nella stia delle galline alla vista di un topolino è scappato come un villano....*" -, non finisce la frase a causa di un improvviso lancio di Eleonora di una melanzana che lo raggiunge al viso; e nel contempo il povero Canneddu stramazza a terra come un fuscello alla deriva del rio: "s'arrieddu" di molentargius.

Eleonora colma d'ira gli va' sopra e gli tira i capelli fino a strappargliene un mazzetto. A porre fine la furia di Eleonora ci pensa Antòni staccandola dal malcapitato. Canneddu stordito si ricompone in silenzio, si allontana in sella di orabettu e prende la via di casa sua, nero come la pece.

A pranzo Eleonora mangia in silenzio, assorta nei suoi pensieri. Manda giù l'ultimo boccone di melanzane alla parmigiana poi sospira, forse progetta qualcosa di misterioso. Fa sempre così. Non si arrende mica alle minacce di nessuno tanto meno di don Battistinu Tìana e sciacquapalle di Craddasciu!

Di pomeriggio si ritira nella sua stanza con sfigatto attorniata da una sfilza di libri da studiare. Ci starà fino a sera tardi, ma oltre allo studio avrà compagna il tormento di una situazione drammatica. Ma nonostante ciò troverà di sicuro qualche bella idea geniale, grazie alla sua incredibile attitudine a trovare una soluzione a tutto.

A cena seduti a tavola, il silenzio pervade i tre cuori in una luce magica di una lampada a petrolio; al centro cucina vi è il braciere poco assistito dopo che ha riscaldato gli avanzi del pranzo. Eleonora è empatica, assorbe come una spugna in tutta la sua ampiezza la drammaticità del momento; fa suo ogni sospiro, ogni lamento dei genitori, seppure questi non lo danno a vedere proprio per non intristire ancor più la propria figlia. Ma Eleonora è anima ribelle, in cuor suo sta' già escogitando la via d'uscita.

La cena è frugale, del resto la voglia è poca, ma bisogna "buttare" qualcosa nel "sacco" altrimenti domani chi si regge dalle fatiche?

Eleonora butta uno sguardo oltre la finestra: il crepuscolo è vincitore ormai di una giornata limpida ma gelida di gennaio. In lontananza insistenti latrati prefigurano sinistri presagi. Oltre l'orto e il frutteto, i campi coltivati dal papà Antòni a grano e orzo profumano già di brina; mentre altri campi attendono di essere lavorati.

- "*Già, attendono proprio di essere coltivati*"-, pensa Eleonora.

-"*Papà ho pensato che ai lati degli alberi di mandorlo possiamo coltivarci "is tapparas" (capperi). Sai a scuola stiamo studiando i vari tipi di coltura sostenibile nei terreni di medio impasto come i nostri a Ceraxius, poi ai bordi mettiamo fave: provare non costa nulla! Ho già studiato le tecniche di coltivazione*"

Antòni è orgogliosissimo della sua unica figlia che mostra sempre voglia di rivalsa contro ogni avversità, e questo è di vitale importanza in un sistema feudale come l'attuale, dove è impossibile ipotizzare una forma di governo a sostegno di una vita più dignitosa.

- " *...Va' bene Eleonora, proviamo, intanto informati dove avere la semenza*" -, risponde Antòni, mentre mamma Redenta sorride.

Eleonora nei giorni seguenti si occupa subito di trovare la semenza, spargendo richieste qua e là a persone che potessero aiutarla in tal senso.

Proprio grazie alla famiglia Dentoni, d'origine genovese ed in particolare Domenico Dentoni attuale sindaco di Ceraxius, riesce a procurarsi dalle isole di Pantelleria due quintali di semenza. Proprio il minimo necessario per sperimentare: sarà di sicuro un vero banco di prova.

A fine marzo coi primi tepori, Antòni con "maripintau" attaccato all'aratro ha coltivato un ettaro a capperi. C'è stato pure l'aiuto di Canneddu ed Eleonora, la quale benedice il lavoro ultimato con litanie insegnate da mamma Redenta, che a sua volta le aveva raccomandato don Cabiddu il parroco. E a dire che Eleonora non ha mai pregato! Ma stavolta ci è costretta. Anche Canneddu irrora una litania pappagallata, mentre è steso sopra una balla di fieno; lui non crede affatto all'effetto taumaturgico della preghiera, ma è pagato anche per questo. E quando si ferma d'improvviso forse per vergogna, ci pensa Eleonora a dargli calcetti per riprendere la litania.

Maggio.

Il campo di cappero risplende di verdissimi cespugli che adorna tutto il podere, nutrendosi del succo della terra e del nettare dell'umidità del vento; generosi offrono i propri bottoni fiorali avendo trovato l'ambiente pedo-climatico ideale.

Eleonora e i genitori sono eccitati e felici. Canneddu non tanto, è lavoro che si ammassa ancora di più. Difatti a giugno ci sarà la raccolta.

Ma senza dubbio nella riuscita della coltivazione Eleonora deve ringraziare anche i professori agronomi dell'istituto cui studia: prof. Citento e il giovanissimo prof. Gino Carta, i quali hanno dato l'apporto scientifico di cui dispongono. É rilevante notare che nei due agronomi nell'esperimento, già dall'inizio, vi si poteva leggere una curiosità infantile: come bambini ai primi approcci con un giocattolo tutto nuovo. Ma il merito maggiore lo si deve a Eleonora per la sua ostinatezza nel raggiungere l'obiettivo.

- "*Al mercato di Cagliari non sarà difficile venderlo*"-, afferma sorridente il professorino Gino, venuto a far visita alla famiglia Melis di pomeriggio al podere.

- " *Deus d'ascuttidi signoriccu*" -Dio ti ascolti signore - , replica Antòni.

Professor Gino si attarda volentieri al podere, non poteva declinare l'invito di Eleonora a gustare una profumatissima marmellata di more e melacotogne, inventata da mamma Redenta. Sembra che ci stia nascendo amicizia tra i due...

Giugno.

Arriva il momento del raccolto: 4 quintali puliti puliti. I capperi sono stati trasportati dentro is crobis (ceste) al mercato di Cagliari con il carro dei buoi, preso in prestito dai confinanti fratelli Musiu agricoltori. In due giorni il prodotto è stato venduto a ruba e il guadagno è stato ottimo, oltre le aspettative. Eleonora tutto pepe, al rientro da scuola vuole sapere subito come è andata la vendita e i genitori con emozione la abbracciano calorosamente.

-" *Con questi soldi possiamo già comprare un bel terreno di due ettari e farci anche altro..*"-, esordisce felice Antòni, spezzando il silenzio.

- " *E vaiiiii............!!!*"-, urla Eleonora salterellando con sfigatto in braccio.

Il giorno successivo bussa alla porta della famiglia Melis, l'esattore delle tasse Giulio Cocconi, l'uomo più odiato della contea.

- " *Saluti. Signor Melis Antòni è lei?*"

- " *Sissignore, che diavolo c'è?*"

- " *Lei ieri ha registrato al dazio del mercato di Cagliari un ricavo di 150 scudi sardi per 4 quintali di capperi e 7 quintali di fave; pertanto in base alla legge doganale del regio Decreto nr.1256 del codice Vittoriano; deve versare a me medesimo entro 15 giorni a far data da oggi il 75, 90 per cento del ricavato...*"

- " *75,90 per cento? E che diavolo! Ma volete farci morire di fame? E i soldi per acquistare la semenza non l'avete conteggiato? Le spese dell'acqua per l'irrigazione? La manodopera per la coltura e il raccolto, il noleggio del carro con buoi per il trasporto a Cagliari?*"

- "*Sono un semplice esattore io! Non siete l'unico nel feudo a pagare questa percentuale! Che ci posso fare io? Se non mi paga ora dovrà venire a Cagliari all'ufficio erario con una penale...*"

Tziu Antòni vorrebbe giustiziarlo seduta stante quel misero! Ma Redenta singhiozzando lo invita a calmarsi e a prendere i soldi sotto la mattonella della camera degli ospiti. Antòni ubbidisce.

L'esattore indolente si allontana in sella alla bicicletta del comune di Cagliari. Le ruote sono enormi e ci lotta di brutto sulla salitina fangosa del podere e di tanto in tanto bisticcia con la borsa di servizio che gli pende e per completare il martirio scalcia il cane dei Musiu, che per un breve tratto lo rincorre per morderlo.

Canneddu nascosto nelle fitte canne del canale lungo la strada, lo becca dritto al collo con una sputacchia di tiro di cerbottana, caricata a pallina di frutto di eucalipto di grandi dimensioni ,facendolo barcollare per il dolore:

- "*Aia! Pure api ci sono!* "

- "*Maledetti, che possiate morire impiccati!*"-, sentenzia Antòni.

- " *Dio vi punirà prima o poi sanguisughe!*" -, replica Redenta.

Ad Eleonora non è piaciuto tanto quest'altra sfiga maledetta, ma proprio per niente:

- " *Tra un mese non avremo né casa nè pane da sfamarci; qui la gente muore di troppe tasse, di flagelli di cavallette nei campi, il fiume che esonda, incendi...Ora ci manca pure la malaria che a quanto pare sta' mietendo vittime dappertutto....e i savoiardi che fanno per aiutarci? Ci spremono a tasse come limoni, i savoiardi, ecco che fanno! La fine per tutti è vicina e nessuno si ribella: maledetti savoiardi!* "

Il motivo del malcontento popolare è dovuto anche al fatto che la Sardegna era stata coinvolta nella guerra della Francia rivoluzionaria contro gli stati europei e dunque contro il Piemonte. Proprio mesi fa' una flotta francese aveva tentato di impadronirsi dell'isola, sbarcando a Carloforte e insistendo successivamente anche a Cagliari. I Sardi però opposero resistenza con ogni mezzo, in difesa della loro terra e dei Piemontesi che dominano in Sardegna. Questa resistenza ai Francesi ha entusiasmato gli animi, perciò ci si aspettava un riconoscimento ed una ricompensa dal governo sabaudo per la fedeltà dimostrata alla Corona. Ma non ci fu nessuna ricompensa in tal senso.

Trasferimento nel nuovo podere .

Per fortuna e per atto caritativo, il proprietario terriero Pietro Putzu ha acconsentito che la famiglia Melis potesse trasferirsi a uno dei suoi tre poderi, a un tiro di schioppo di quello dei Musiu. Anzi la presenza fissa nel suo podere in agro "civraxiu"della famiglia sfrattata è per lui anche motivo di tornaconto, ovvero tra affitto ragionevole e il ricavo del raccolto dei cereali a metà ciascuno è equo conveniente.

- " *E' permesso? Buongiorno signor Melis, c'è Eleonora? Vorrei parlarci un attimo se posso*"

- "*Embèèèèè!Avanti signorotto Carta, certo che può. Vada, bussi alla sua camera, a quest'ora starà studiando*"

- *Toc, toc! -*

-" *Avanti, ma a chicchessia avviso che non si azzardi a...O! Professore che sorpresa! Ci sono novità?*"

-"*No Eleonora, purtroppo brutte notizie: il vicerè Balbiano è ormai contro tutta la classe degli stamenti sardi. Il mio amico l'avvocato Vincenzo Cabras ed Efisio Pintor hanno bisogno del mio aiuto. La situazione degenera, ci sono contestazioni ovunque, come Alghero e Sassari. Io sono in malattia già da oggi, devo raggiungerli e mettermi in contatto col partito al più presto a Cagliari. Troverò ospitalità dall'amico Sandro Crobe: è giunto il momento di stare uniti nella rivolta Eleonora! "*

Eleonora ascolta in silenzio, poi sbotta duramente:

-" Caro prof vado anch'io anche a costo di...."

Il prof. Carta non ha avuto il coraggio di farla desistere, Eleonora è troppo irruenta e incute timore se provi a contrariarla.

- " Va' bene Eleonora, stasera stesso?."

- "E certo prof!"

Il professor Gino Carta è un mite giovanotto di 19 anni, alto e robusto; ha un viso dai lineamenti dolci, tant'è che sotto il mento e nelle guance ci ha incavato la "fossetta". Dialoga apertamente con tutti e ha un carattere molto forte. E' originario di Bortigali (NU); insegnante in erba appunto, ma è già forgiato alla dura vita. Ha sperimentato già da adolescente come ci si spacca la schiena per aiutare il padre taglialegna nei boschi del Supramonte in zona "s'elva e su ighinu".Ma destino volle che il papà passasse a miglior vita a 32 anni, a causa di un salto nel vuoto dalla scala che si ruppe mentre tagliava un grosso ramo di una quercia. E così dovette crescere bruciando i tempi per accudire la mamma e due fratellini minori. Due anni dopo la mamma subì un altro lutto gravissimo: sua madre e suo papà furono freddati a fucilate nel loro porcile di "s'abba urche". Maledetta faida. Si perpetua da più di 35 anni tra loro e la famiglia Pirrolu, allevatori anch'essi. Ben presto Gino riprese gli studi fino a diventare insegnante, avverando il suo sogno!

Eleonora ha solo l'attimo di preparare una grossa balla ai genitori: deve andare a Casteddu col prof per una ricerca scolastica!

Chiama Canneddu col solito fischio, prima che costui se ne parte a casa sua.

- " Dai *Canneddu accompagnaci col carro a Cagliari al rione di Monteurpinu, in cambio non ti picchio...*"

- " *Uh!* -, Canneddu ubbidisce a malincuore però poco dopo arriva con carretta e cavallo. Mezzora circa di tempo e sono a destinazione.

Fuori ad attendere c'è il compagno Sandro Crobe, con fare guardingo aspetta con ansia il loro arrivo. I tre di Ceraxius scesi dal carretto si stringono la mano in silenzio senza destare clamore: meglio non dare troppo nell'occhio. Poi Crobe fa cenno a Canneddu di sparire subito, il quale non ha gradito questa imposizione che sa di prepotenza; perciò tira fuori di nascosto la cerbottana e gli rifila un colpo di seme di limone che aveva in bocca da ore e lo centra al naso.

- " Che cav..."-, esclama Crobe non capendo cosa fosse stato.

Canneddu ancora non soddisfatto lancia una minaccia verbale al prof Carta:

- " Mi..mi..mi raccomando professor Carta, mi riporti Eleonora come è adesso...in carne e polpa...ed ossa cioè.."

- " Stia tranquillo signor Canneddu: è in buone mani "

E' già sera e Gigetto Canneddu deve ripartire prima che faccia buio. Prima della ripartenza ricarica la cerbottana e ci fionda una pallina di eucalipto al prof Carta, ancora in segno di avvertimento. Il tiro è andato a segno: orecchio destro centrato!

-" Acc... se ti prendo!"

- " No prof - interviene Eleonora - le vuole bene, altrimenti avrebbe "altro" da tirare!"Ciaooo Cannedduuuuuu! Mi raccomando domani mattina puntuale alle 10!"

Canneddu tira le briglie del cavallo come un ossesso, l'idea che Eleonora stia una notte a Cagliari proprio non gli va' a genio.

L'indomani a casa di Crobe. Ci sono i capi della sommossa su nello stanzino del piano superiore. Al centro un tavolo nudo e attorno seduti ci sono l'avvocato Cabras, i due generi Bernardo ed Efisio Pintor e Vincenzo Sulis. Eleonora e l'amico salutano e siedono sul pavimento a gambe incrociate. Eleonora ha capito già che questo sito è una sorta di campo base logistico. Alla vista di Eleonora anche se accompagnata dal professore Carta, si alzano tutti di sobbalzo e l'avvocato, infastidito, rivolgendosi al padrone di casa Crobe, lo interroga:

-*" E questa signorina che ci fa qui???"*

- *"Sono amici di Ceraxius con a cuore le sorti di tutti i sardi",-* replica Crobe toccandosi la testa pelata, per l'imbarazzo. E il prof rincara la dose:

-*" E pronti sino all'estremo sacrificio, se dovesse essere necessario"*

Eleonora aggiunge:

- " *E se non siete stati abituati ad avere una donna con due palle così...Bè! Cominciate a farvene una ragione...*"

L'avvocato stupito da tanta decisione, tenta una giustificazione ma vi rinuncia per non urtare la suscettibilità della donna. Poi di getto riprende il discorso lasciato:

- "*La sommossa del 4 maggio non si può più fare, c'è stata una spiata al viceré Balbiano; pertanto come d'accordo, su votazione unanime anticiperemo la "emozione" (nome in codice) di notte tra il 28 e 29 aprile. Prenderemo con il popolaccio nostro amico, i piemontesi nel sonno, li faremo prigionieri e li cacceremo dall'Isola...domande? Nessuna domanda. Bene ci aggiorneremo tra due giorni*"

Passano i due giorni, i capi della sommossa in casa Crobe studiano ed approvano nei dettagli il piano da attuare, eccolo: domani scatta l'ora x.

Eleonora e il professorino per niente impauriti si preparano a muso duro per l'evento. Per Eleonora è una sorta di rivincita sulla sua vita stessa. Vivere di sufficienza finora le ha solo tarpato le ali, nonostante si possa dire che fuori dalle grosse responsabilità si vive meglio, forse. Ma ciò è mera filosofia spicciola non adatta alla sua persona. Il lasciarsi vivere senza poter addentrarsi nel filo conduttore dei suoi ideali, i valori, è per lei una rinuncia alla sua identità. Costi quel costi, consumando energie, versando sudore, sacrifici estremi, anche sangue, ma ciò che conta è che vuole essere attrice attiva, reazionaria, della sua vita quotidiana.

- " *Prof Carta senta: la sua amica Eleonora mi riporta alla mente la figura di Eleonora d'Arborea; così, chissà perchè! Forse se non altro per la sua combattività, decisione e odio per le mezze misure!*",- stavolta l'avvocato lo dice col sorriso tra le labbra, pensando comunque che è meglio farsela amica; non si sa mai che s'incazzi subito sta' tizia, irascibile com'è!

Spuntato il 28 aprile 1794 i popolani osservano con apprensione i soldati del reggimento svizzero al comando del colonnello Schmidt vestiti in parata con le ghette alle gambe. Ma appena si sparge la voce che probabilmente in questa mattinata sarebbe passata la mostra d'ispezione, la gente stranamente non ne fa' conto, e ognuno continua ad attendere ai propri affari. Ma verso mezzogiorno vennero rinforzati i corpi di guardia alle porte del Castello e della Marina; verso l' una, proprio quando i cagliaritani sono a pranzo, un folto picchetto di soldati con baionetta innestata e con tamburo battente, comandato addirittura dal Maggiore della Piazza Cavalier Lunel, scese dal Castello, si avvia verso il quartiere di Stampace. La meta: la casa dell'avvocato Vincenzo Cabras. Il quale sta' per mettersi a tavola con i familiari, tra cui i due generi Bernardo ed Efisio Pintor. Pranzo di tutto rispetto: melanzane alla parmigiana e "burrida casteddaia" (pesce razza lessato e insaporito col sugo piccante). Quest'ultimo, Efisio, messo sull'avviso dell'arrivo dei soldati piemontesi, scavalca una finestra nel retro della casa e scappa. Il vegliardo avvocato Cabras attende invece di sentir bussare alla porta e si presenta calmo e sereno al cospetto del cavalier Lunel. Questi gli notifica l'accusa "sedizione contro lo Stato" e lo arresta insieme al genero Bernardo, scambiato per il fratello Efisio. Il plotone, seguito dai pianti e dalla disperazione dei familiari dei due arrestati, si avvia verso il Castello, mentre una piccola folla viene accodandosi al corteo, spinto dalla curiosità, ma anche dall'apprensione per la sorte che sarebbe stata riservata ai due concittadini. Mentre il picchetto in piena assetto di guerra si allontana verso il Castello.

Prof Carta ha intuito la nuova spiata:

-" *Credi Eleonora di conoscere questo bastardo?*"

- " *C'è qualcosa che mi dice che a far la spia sia stato Oliviero craddaxiu...così, puro intuito. Quello è capace di vendersi ai piemontesi per un faro di bicicletta!*"

- " *Faro di bicicletta? Ottima disquisizione Eleonora....ah, ah!*" Eleonora inforca con il prof la cavalla color champagne di nome "calinda" e percorre le vie di Stampace arringando a piena voce il popolo e annunciando l'arresto dei fratelli Pintor:

- " *Uscite dalle vostre case, non piangete miseria! È l'ora di svegliarsi!!!*"

Canneddu dal canto suo, apparso come un fantasma, da dietro in sella a "rondeddu", grida:

- " *Uscite se ciavvete rene...fegato. L'ora di morir è arrivata...*". Poi scende dal cavallo sale sulla scala della chiesetta di San Lucifero, attirandosi appresso gran folla, quindi da oratore navigato tenta un strampalato inno:

Procurad'e moderare,
Barones, sa tirannia,
Anninnìa, anninnòra: chi si cabit una gutta a s'ischina e a onzi ora.

(procurate di moderare la tirannia o
   Baroni! Anninnira, anninnora che vi
   venga un male alla schiena ad ogni ora...)

Torrai a pe' in terra!
ca immoi seus giaj in gherra
Contra de sa prepotentzia,
E comintza sa passienzia
In su populu a mancare.

   (ritornate sui vostri passi, ora siamo già in
       guerra contro la vostra prepotenza, è
       cominciata la pazienza al popolo
       mancare)

Tenzioni chi no è zogu

cà sa cosa è veras;
a pei sciustusu, a cannoteras
e a mudandas stampadas
megaisi a torrai ai domus lassadas;

   (attenzione non è un gioco ma è roba vera,
       a piedi bagnati, in canottiera e mutande
       bucate ritornerete alle vostre case
       lasciate)

E no torreasa a ci provai prusu
in Casteddu, né barones né marchesisi
a cumandai a frozzas de falsas leisi
ora e sempiri in domu nosta
a beni cumandai zente onesta

> (E non riprovateci più, a Cagliari né Baroni,
> né Marchesi che comandano a forza con
> false leggi, ora e sempre in casa nostra
> verrà a comandare gente onesta...)

Barone sa tirannia!

Intanto la piccola folla che aveva seguito il picchetto, arrivata alla porta Stampaccio si vede precluso l'ingresso: ritenendo che i piemontesi vogliono giustiziare sommariamente i prigionieri, si ribellano con grande clamore. Ma ben presto si aggiungono anche gli Stampaccini che erano stati sollevati da Eleonora: si dà piglio alle armi e si cerca di forzare la porta.

"Sa battalla" (la battaglia) è in pieno svolgimento.

Eleonora e il prof combattono armati di spada contro una decina di guardie nemiche.

A vederla Eleonora è un incanto: agile come una farfalla, focosa come è la gente diretta di Ceraxius; i suoi capelli biondi legati ballano a ritmo di spada. E' un'immagine meravigliosa e nel contempo inquietante, tanto da suscitare tra i curiosi Cagliaritani un coraggioso coinvolgimento non solo emotivo ma anche con le vie di fatto, tanto che armati di bastoni ci danno di brutto pure loro.

Ma ecco il provvido aiuto a sorpresa di Canneddu, non scende manco da " rondeddu "; dal borsone a tracolla prende la fionda in legno di olivastro abbrustolito, fatta con l'aiuto di "Cixireddu", il matto di Ceraxius, e vi carica pietruzze bianche prese dal rio genneruxi.

Stac! Stoc! Prum! Pòu!: sono colpi andati a segno nelle teste delle guardie che cadono dal dolore.

E Canneddu per ogni soldato colpito esulta felice:

-" Ce...centro...mantieni: Ce...centro, ma...mantieni! "

Alcuni popolani si staccano e si portano velocemente alla porta di Sant'Agostino, dove danno fuoco ad un'enorme quantità di legna e fascine. Grazie al fuoco appiccato da esperti incendiari con a capo "Concheddacciu" (Tonietto di nome, uomo tuttofare, con il vezzo del "fare fuoco" ad ogni situazione propizia e non); aprono una breccia e attaccarono la guardia, che disarmano, trovandole solo una debole resistenza ed impadronendosi quasi subito delle batterie. Intanto nel quartiere di Stampace si comincia a rintoccare le campane delle chiese, cui risponde le campane della Marina e di Villanova, sollevando gli abitanti dei due borghi: " E' l'oraaaaaaa...muovetevi",- urlano a gran voce.

I rivoltosi, aperte tutte le porte, si precipitano verso la porta Cagliari, primo baluardo del

Castello. Trovandola chiusa, Concheddacciu dà l'ordine anche qui ad ammucchiare legna e fascine per aprire un varco col fuoco. Nel frattempo tutta la truppa di stanza all'interno del Castello, viene piazzata nei punti strategici, con l'ordine di far fuoco sui rivoltosi e di puntare i cannoni verso i sobborghi. Ma il popolo del quartiere, preso coraggio, conquista le batterie rivolgendo verso il Castello stesso le armi piemontesi.

Intanto bruciata la porta Cagliari, il popolaccio entra nel quartiere Castello con impeto e furore mettendo in fuga e arrestando i soldati che montavano la guardia. Altri puntano verso la porta della torre dell'Elefante, ed altri ancora verso la torre del Leone, con l'intento di raggiungere il palazzo viceregio e fermare il Viceré.

Alcuni intrepidi rivoltosi si accorgono che nei bastioni del Balice, tra l'Università ed il collegio di San Giuseppe, era schierata la compagnia dei granatieri dello Schmidt, e lo attaccano, così come un distaccamento di dragoni presso Santa Caterina.

I piemontesi sono ben presto sopraffatti anche grazie all'aiuto dei galeotti, nel frattempo liberati dal bastione da Eleonora e il prof, e i loro cannoni sono trascinati lungo le strade di Castello fino ad arrivare alla "prazzitta", (oggi piazza Carlo Alberto).

I soldati del Viceré, ormai accerchiati, si arrendono.

Il giorno seguente, la prima decisione presa dalla Reale Udienza è quella di impedire ogni disordine che si sarebbe potuto verificare nottetempo, dando luogo a furti, saccheggi o eccessi di delinquenza. Si sono organizzate pattuglie di ronda, composte da gente scelta di ogni ceto. Le ronde girano per tutta la notte la città, e lo fanno nel migliore dei modi, vanificando tentativi a Cagliari di omicidi, risse e furti. Altra importante decisione del nuovo governo provvisorio è stata che il Viceré, con i suoi ministri e tutti i piemontesi, savoiardi, cioè tutti gli arrestati siano imbarcati con sicurezza e senza che fosse fatto loro del male.

Finalmente il giorno 7 maggio 1794 tutti i piemontesi sono stati accompagnati al porto e imbarcati su tre navi: una veneziana, dove vi prese posto il Viceré, una ragusea ed una spagnola.

Oggi 28 aprile 1794 si celebra la grande rivolta del popolo sardo: sarà ricordato nei secoli a venire come "S'ann'e s'acciappa!"(l'anno dell'acchiappata)

Eleonora a è stata battezzata la nuova Eroina sarda, più bella di Eleonora d'Arborea.

Lei però a tanto clamore non è abituata, anzi le dà anche fastidio. Schiva ogni invito da parte delle autorità locali e isolane. Ha solo concesso in piazza municipio di stringere la mano al sindaco di Cagliari, all'avvocato Cabras, i fratelli Pintor, ed alcuni ammiratori pazzi per lei.

Dopo tutte queste benedizioni fila dritta a casa al galoppo con il prof e quando vi arriva trova i suoi genitori che la stringono in un lungo abbraccio: mamma Redenta piange felice.

- " *Prof rimani con noi a pranzo?* "-, *lo fissa dritto negli occhi.*

- " *Basta con questo prof, Eleonora, chiamami Gino d'ora in poi...*"

Gino non riesce a distogliere lo sguardo paradisiaco di Eleonora e attratto come una calamita si avvicina a lei e la bacia per la prima volta davanti al padre Antòni e mamma Redenta, che approvano felici e commossi.

Tum! Una pietruzza è stata lanciata da Canneddu centrando la gamba di Gino...

- " *Là di..di...rispettarla sempre mì...o...o...occhio mì!* ". Sorridono tutti, Canneddu è gelosissimo di Eleonora ma per Gino fa un'eccezione: si avvicina e unisce le mani dei due innamorati, gli stringe e li tira su verso il cielo come una sorta di benedizione...Ecco la benedizione di Canneddu è stata proclamata! Viva tutti!

Già all'indomani Eleonora è alle prese di studio per ritentare la coltura dei capperi. Ma stavolta le cose son cambiate, si volta pagina. Gli stamenti sardi hanno già abrogato quanto di dannoso i piemontesi ci han fatto. Anzi hanno creato una banca dove tutti gli agricoltori, artigiani o chiunque ne avesse bisogno, possono accedere al credito con l'1% al netto degli interessi. La speranza si dilata come un tempo. Stavolta Eleonora con il valido aiuto di Gino, Canneddu e papà Antòni, ha seminato 5 ettari a capperi. Quattro anni di duri sacrifici son bastati a costruirsi il podere tutto loro: si chiama "podere Melis". Con l'andare del tempo tutta la piana di Ceraxius è imbastita di campi di capperi. Coraggiosamente altri contadini hanno seguito le orme di Eleonora, espandendola a maggior scala e rendendo l'agro cerexino unico in Sardegna e simile alle famose isole di Pantelleria e Salina.

Gli uomini, con l'ausilio del "carro a molle" iniziano l'esportazione di questo prodotto in tutta la Sardegna, facendo sì che questi saporitissimi boccioli, potessero essere introdotti nella cucina locale apportando ai piatti tipici della cucina tradizionale un gusto inconfondibile.

Ecco, all'imbrunire, dall'alto pendio di su "nuragh'e mucciurru mannu", si scorge la grande vallata di Ceraxius. L'incanto è tale da mozzare il fiato per tanta bellezza agreste quasi innaturale. La colonia dei fenicotteri dipinge di rosa lo specchio d'acqua dello stagno di molentargius. A is Arenas, dove poche strade bianche in questa stretta striscia di terra quasi inghiottita dalle Saline si notano filari di vite, olivi, mandorli e tanti piccoli orti. Qua e là residui di fumi di fuochi da stoppie già spente dai contadini stanchi ma felici. ...E poi due ragazzi innamorati! Sono vicini al grande pozzo del podere, immersi nel silenzio della natura campestre che si offre ad una immagine irreale;

s'abbracciano forte forte, si forte, come forte è
l'Amore: quello vero! -

Ringraziamenti

Ringrazio tutti gli amici e le amiche che hanno partecipato a questo progetto di solidarietà e condiviso con i loro racconti la realizzazione di questo libro.

Essi sono: Michele Bigaran, Patrizia Catenuto, Alica Ghedin, Giorgia Lodo, Marcello Spanu.

Il ricavato della vendita del libro sarà devoluto in beneficienza a :

**Centro Medico Yopougon
Comunità Missionaria Villaregia
Costa d'Avorio-Africa**

Indice

Dello stesso autore

Viaggio in Africa*
Viaggio a Fatima*
Gesù e il cieco di Gerico: Le parabole a fumetti*
La mia cucina: Libro di ricette semplici e gustose*
Viaggio in Terrasanta*
Amare il prossimo*
Cos'è l'uomo?*
Dove va il mondo?

*Disponibile anche in versione ebook

Finito di stampare nel mese di gennaio 2015

www.ingramcontent.com/pod-product-compliance
Lightning Source LLC
Chambersburg PA
CBHW050421290526
45786CB00003B/1353

Chi di noi, almeno una volta, non ha avuto il desiderio di raccontare una storia della propria vita lasciandosi trasportare dal ricordo di una giornata fantastica, da una storia d'amore, da un viaggio, da un dolore o da una storia ricca di emozioni? Questo libro racconta uno spaccato della vita di ciascuno di noi, guidati da un sentimento di amicizia e condivisione che ci ha permesso di realizzare questo progetto.

Giuseppe Ciccia (1947) è nato a Selargius (Cagliari), dove vive e lavora. Amante della propria terra e dei diritti dell'uomo, appassionato di cultura e tradizioni, sensibile ai problemi umani e alle condizioni dei poveri, specialmente gli "ultimi". Ha pubblicato Viaggio in Africa (2013), Viaggio a Fatima (2014), Gesù e il cieco di Gerico (2014), La mia cucina (2014), Viaggio in Terrasanta (2014), Amare il prossimo (2014), Cos'è l'uomo? (2014), Dove va il mondo? (2015) . E' sposato e padre di due figli.

ISBN 9781506099279

90000 >

9 781506 099279